VENTE DU JEUDI 11 FÉVRIER 1886,

HOTEL DROUOT, SALLE Nº 4,

A DEUX HEURES.

DESSINS

ANCIENS ET MODERNES

Provenant de la Collection d'un Amateur.

EXPOSITION PUBLIQUE

LE MERCREDI 10 FÉVRIER 1886

De une heure à cinq heures.

COMMISSAIRE-PRISEUR	EXPERT
Me MAURICE DELESTRE	M. E. FÉRAL, peintre
27, rue Drouot, 27	54, faubourg Montmartre, 54.

IMPRIMERIE PILLET ET DUMOULIN
RUE DES GRANDS-AUGUSTINS, 5, A PARIS

DESSINS

ANCIENS ET MODERNES

CATALOGUE

DE

DESSINS ANCIENS

ET MODERNES

Provenant de la Collection d'un amateur

PARMI LESQUELS ON REMARQUE DES ŒUVRES DE:

SAINT-AUBIN, BOUCHER,
BONINGTON, DURER, EISEN, FRAGONARD, GÉRICAULT,
GREUZE, GRANDVILLE, GILLOT, ISABEY,
CH. JACQUE, LAJOUE, LANCRET, LE PRINCE, H. MONNIER,
MALLET, MOREAU LE JEUNE, NATTIER, NICOLLE,
OUDRY, VAN OSTADE, PRUD'HON,
REMBRANDT, H. ROBERT, TH. ROUSSEAU, SCHALL,
VAN DE VELDE, J. VERNET.

DONT LA VENTE AUX ENCHÈRES PUBLIQUES AURA LIEU

HOTEL DROUOT, SALLE N° 4,

Le Jeudi 11 Février 1886,

à deux heures.

Par le ministère de **Me MAURICE DELESTRE**, Commissaire-Priseur,
27, rue Drouot,

Assisté de **M. FÉRAL**, Expert, 54, Faubourg-Montmartre,

Chez lesquels se trouve le présent Catalogue.

EXPOSITION PUBLIQUE : le Mercredi 10 Février 1886,

De une heure à cinq heures.

CONDITIONS DE LA VENTE

La vente sera faite au comptant.

Les acquéreurs payeront cinq pour cent en sus des enchères applicables aux frais.

Les attributions de l'amateur ont été conservées.

Paris. — Typ. Pillet et Dumoulin, 5, rue des Grands-Augustins.

DÉSIGNATION

DESSINS ET AQUARELLES

ALT (Robert)

1 — *Vue de Vienne (Autriche).*

Aquarelle.

AVERCAMP (Hend. van)

2 — *La Mer de Haarlem en 1624.*

Aquarelle gouachée.

BACKHUYSEN (Ludolf)

3 — *Marine.*

A la plume et au bistre

BARBIERI (dit LE GUERCHIN)

4 — *Tête de femme couronnée.*

A la plume.

BAROZZO (M.)

5 — *Scènes bibliques.*

Deux dessins à la plume et au lavis de bistre avec rehauts de blanc.

BARTHOLOMEO (FRA)

6 — *Portrait de moine.*

A la plume, lavé de bistre.

BÉVALET

7 — *Deux Dessins de fleurs (forme ronde).*

A l'aquarelle, signés et datés 1811.

BOILLY (LOUIS)

8 — *Les Perruques.*

Crayon noir et lavis.
A été lithographié.

BONINGTON (R.-P.)

9 — *Allée de parc.*

Aquarelle.

10 — *Jeune Homme donnant le bras à une jeune fille.*

Aquarelle. Collection Mahérault.

BOUCHER (François)

11 — *Paysanne et son enfant.*

A la pierre noire, rehaussé de blanc sur papier gris. — Daté Feb. 1770.

12 — *Pastorale.*

Dessin en forme de trumeau, à la sanguine.

BRAEKELEER (Ferd. de)

13 — *Scène de jaloux,*

Aquarelle.

BREUGHEL (Jean)

14 — *Paysage flamand.*

A la plume et au lavis d'indigo.

BRONCKHORST

15 — *Oiseaux divers.*

Gouache. Collection Mouriau.

CARESME (Phil.)

16 — *Bacchant et Bacchante dansant devant un terme.*

Aquarelle signée et datée, Ph. Caresme 1781.
A été gravée.

CARRACHE (Ant.)

17 — *Dessin d'ornement pour l'avant d'un navire.*

A la plume et au lavis de bistre.

18 — *Distribution d'aumônes.*

A la plume et au lavis de bistre.

19 — *Jeune Seigneur debout.*

A la pierre noire avec rehauts de blanc, sur papier gris.

CATS (J.)

20 — *Scène d'hiver, en Hollande.*

Plume et lavis d'encre de Chine.
Signé au verso.

CHOFFARD (P.)

21 — *Dessin pour un cul-de-lampe.*

Plume et lavis d'encre de Chine.

CRAPELET (AM.)

22 — *Sur le lac de Tunis.*

Aquarelle.

CUYP (ALB.)

23 — *Bords de la Meuse.*

Pierre noire et lavis d'encre de Chine.

DAUMIER (H.)

24 — *La Rencontre.*

Plume et lavis d'encre de Chine.

25 — *Mercure, dieu du commerce.*

Aquarelle. Vente Arosa.

DELACROIX (Eug.)

26 — *Femme juive de Tanger.*

Aquarelle. Provient de la vente de l'artiste.

DELAROCHE (Paul)

27 — *Portrait d'homme.*

Aquarelle.

DESFRICHES (L.)

28 — *Vue prise aux environs d'Orléans.*
Ferme aux environs d'Orléans.

Deux dessins à la mine de plomb sur papier préparé. Signés et datés 1778.

DROST (Élève de Rembrandt)

29 — *Un Tribunal avec nombreux personnages.*

A la sanguine.

DROUAIS (H.)

30 — *Portrait de femme.*

Collection Bottolier.

DUMOUSTIER (attribué à)

31 — *Portrait de femme.*

A plusieurs crayons.

DURER (attribué à Alb.)

32 — *Tête de Christ.*

A la plume, sur papier préparé.

33 — *Paysage du Tyrol.*

A la plume. Signé et daté 1520

DYCK (attribué à Ant. van)

34 — *Portrait de jeune homme.*

A la plume et au lavis d'encre de Chine.

ÉCOLE ESPAGNOLE

35 — *Personnages. Costumes Louis XIV.*

Sur vélin, à la plume et au lavis d'encre de Chine.

36 — *Cavalier et son page.*

A la pierre noire.

ÉCOLE FLORENTINE

37 — *Scène de place publique.*

A la plume.

ÉCOLE FRANÇAISE

38 — *Costume du* XVIIIe *siècle.*

Aquarelle,

EISEN (attribué à CH.)

39 — *Deux Dessins sur la même feuille.*

A la sanguine.

EISEN (CH.)

40 — *Deux Dessins pour illustration.*

A la mine de plomb. Signés et datés 1757.

EVERDINGEN (A. VAN)

41 — *Paysage.*

A la plume et au lavis d'encre de Chine avec rehauts de blanc.

FORTY

42 — *Ornement pour un cadre de glace.*

Plume et aquarelle.

FRAGONARD (Honoré)

43 — *La Famille du berger.*

Sanguine.

44 — *Intérieur d'atelier.*

A la pierre noire.

45 — *Berger et son chien.*

A la pierre noire.

GÉRARD (Baron)

46 — *Napoléon empereur.*

Etude pour le *Couronnement.*
Au crayon noir.

GÉRICAULT (Th.)

47 — *Invocation à Esculape.*

A la plume et au lavis de bistre.

48 — *L'Artiste à son lit de mort.*

A la mine de plomb.

GHEYN (J. DE)

49 — *Un Fleuve.*

A la plume. Signé et daté 1610.

GILLOT (CL.)

50 — *Fête païenne.*

A l'aquarelle. Signé sur le socle du Terme.

GRANET

51 — *Mise au tombeau.*

A la plume et au lavis de bistre.

GOLTZIUS (H.)

52 — *Portrait de femme.*

Aux trois crayons.

53 — *La Supplique.*

A la plume et au lavis de bistre avec rehauts de blanc.

GOYEN (J. VAN)

54 — *Bords de rivière.*

A la pierre noire, lavé d'encre de Chine.
Signé du monogramme et daté 1653.

GRANDVILLE (J.-J.)

55 — « *Pour qui qu'vous me prenez.* »

Plume et lavis. A été lithographié.

56 — *Dessin gravé dans les* Métamorphoses.

A l'aquarelle.

57 — *La Vieille douairière et son chasseur.*

A la plume et au lavis d'encre de Chine.

58 — *Caricatures diverses sur la même feuille.*

A la plume.

59 — « *Tu t'entêtes à jouer avec Monsieur.....* »

Gravé dans les *Métamorphoses* n° 53.
Aquarelle.

60 — *Trois Dessins sur la même feuille, pour l'illustration de* Jérôme Paturot.

A la plume et au lavis d'encre de Chine.

GREUZE (J.-B.)

61 — *Tête de jeune fille.*

A la sanguine.

HOBBEMA (M.)

62 — *Paysage.*

A la pierre noire, lavé d'encre de Chine avec rehauts de blanc, sur papier bleu.

Collection de Kat.

HOOGSTRATEN (S. van)

63 — *Les Pèlerins d'Emmaüs.*

A la plume et au lavis de bistre et de sanguine.

HUET (J.-B.)

64 — *Scènes champêtres.*

Deux dessins à la pierre noire.

HUYSUM (J. van)

65 — *Vase de fleurs.*

A la plume et au lavis de bistre.

66 — *Vase de fleurs.*

A la pierre noire et au lavis d'encre de Chine.

Signé.

ISABEY (J.-B.)

67 — *Portrait de femme.*

Au crayon noir lavé d'encre de Chine avec rehauts de blanc. — Signé et daté 1817.

JACQUE (Ch.)

68 — *Porcher conduisant son troupeau.*

A la plume et au lavis de bistre.

KAREL DU JARDIN

69 — *Paysage avec animaux.*

A la plume et au lavis de bistre.

Collections Donadieu et J. Gigoux.

LAJOUE

70 — *Dessin d'ornement.*

Frontispice pour les Œuvres de Wouverman.
Aquarelle.

LANCRET (N.)

71 — *Femme debout, le bras étendu.*

A la plume, rehaussé de blanc.

LAVEGA

72 — *Dessin en forme d'éventail.*

Couronnement de l'infant Don Carlos de Bourbon, à Palerme.

A la plume et au lavis d'encre de Chine.

LE BARBIER

73 — *Offrande à Esculape.*

Aquarelle.

LE PRINCE (J.-B.)

74 — *Un Campement de Circassiens.*

A la plume et au lavis de bistre.

LE PRINCE (X.)

75 — *Dessin pour illustration.*

Signé daté 1826

LEROY

76 — *Dessin d'ornement. Arc de triomphe avec pyramides.*

Aquarelle.

LÉPICIÉ (B.)

77 — *Portrait de Mlle Sophie Leroux.*

A la pierre noire et à la sanguine.
Collection de La Béraudière.

LINGELBACH (J.)

78 — *Port du Levant.*

A la pierre noire et au lavis d'encre de Chine.
Signé. Collection W. Esdaile.

LÉONI (OTTAVIO)

79 — *Portrait de femme.*

Aux trois crayons. Daté 1619.

MACHY (DE)

80 — *Ruines romaines.*

Gouache signée et datée 1780.

MALLET

81 — *Scène d'intérieur.*

Gouache signée et datée 1822.

MANGLARD

82 — *Ports de mer d'Italie.*

Deux dessins à la gouache.

MANTEGNA (A.)

83 — *Tête d'homme.*

A la plume et au lavis de bistre.

METZU (Gab.)

84 — *Le Fumeur.*

A la pierre noire avec rehauts de blanc.

MICHEL (Georges)

85 — *Environs de Saint-Denis.*

Paysage d'une vaste étendue.
A l'aquarelle.

MOLYN (Pierre)

86 — *Bords de rivière.*

A la pierre noire. Signé.

87 — *Paysage hollandais.*

A la pierre noire. Signé.

MONNIER (Henri)

88 — *La vieille Tante.*

Aquarelle.

MONSIAU

89 — *Diane et ses nymphes.*
Le Triomphe de Vénus.

Deux dessins formant pendants.
A l'aquarelle.

MOREAU (le jeune)

90 — *L'Imagination.*

Charmant dessin lavé de sanguine.

MURILLO

91 — *Joseph expliquant les songes.*

A la plume et au lavis de bistre.
Collection F. Villot.

NANTEUIL (E.)

92 — *La Taverne. Valence 1854.*

Aux trois crayons.

NANTEUIL

93 — *Dona Hamara. Madrid* 1854.

Aux trois crayons.

94 — *Débit de vins. Madrid* 1854.

Aux trois crayons.

95 — *La Venta.* 1854.

Aux trois crayons.

NATTIER (J.-M.)

96 — *Portrait d'homme.*

Sanguine.

97 — *Portrait d'homme.*

Deux dessins sur la même feuille, à la sanguine.

NICOLLE (V.-J.)

98 — *Vues d'Italie.*

Portrait de Mlle Legrand.

Deux dessins, à l'aquarelle.

99 — *La Place Saint-Marc à Venise.*
La Dogana.

Deux aquarelles.

NICOLLE (V.-J.)

100 — *Une Rue à Rome.*

Aquarelle.

OSTADE (Ad. van)

101 — *Musico hollandais.*

A la plume et au lavis d'encre de Chine.

102 — *Kermesse hollandaise.*

A la plume et au lavis d'encre de Chine.

OSTADE (J. van)

103 — *Réunion de villageois.*

A la plume.

OUDRY (J.-B.)

104 — *Allée de parc.*

A la pierre noire, rehaussé de blanc, sur papier bleu.
Cadre en bois sculpté.

PANNINI (J.-B.)

105 — *Ruines romaines.*

A la plume et au lavis d'encre de Chine.

PANNINI (J.-B.

106 — *Ruines avec personnages.*

A la plume et au lavis d'encre de Chine.

PARROCEL (Ch.)

107 — *Jeune homme saluant.*

A la pierre noire, rehaussé de blanc.

PERNET

108 — *Vues d'Italie et de Grèce.*

Cinq dessins de forme ronde.
Ont été gravés.

PILLEMENT (J.)

109 — *Ornement.*

A la pierre noire et au lavis d'encre de Chine.
Signé et daté 1770.

POLYDORE DE CARAVAGE

110 — *Deux Dessins pour vases.*

A la plume et au lavis de bistre.

POUSSIN (N.)

111 — *Dessin pour l'*Histoire d'Adonis *du chevalier Marini.*

A la plume et au lavis de bistre.

PRUD'HON (P.-P.)

112 — *Tête de satyre.*

Au fusain, sur papier bleu.
Cabinet Marcille.

REMBRANDT

113 — *Deux hommes causant.*

A la plume et au lavis de sanguine.
Collections Andreossy et J. Gigoux.

114 — *Tobie et l'ange.*

Plume et lavis de bistre.
Collection Andreossy.

115 — *Les Ouvriers de la vigne.*

A la plume et au lavis de bistre.

RENI (le Guide)

116 — *Amours. Décoration pour plafond.*

A la plume et au lavis de bistre.
Collection Guichardot.

ROBERT (Hubert)

117 — *Personnages passant sous un arc de triomphe en ruines.*

Aquarelle.

ROBUSTI (dit le Tintoret)

118 — *Mise au tombeau.*

A la plume et au lavis de bistre.
Collection F. Villot.

ROSSERT (P.)

119 — *Vue de Dinard.*

Aquarelle.

120 — *Soleil couchant.*

Aquarelle.

121 — *Au Luxembourg.*

Aquarelle.

ROQUEPLAN (Camille)

122 — *Joli Paysage.*

Aquarelle.

ROUSSEAU (Th.)

123 — *La Plaine de Chailly.*

Au crayon noir.

124 — *Deux Dessins sur la même feuille.*

A la mine de plomb.
Vente de l'artiste.

125 — *Le Village.*

Très beau dessin à la plume.

ROYBET

126 — *Un Page.*

A la plume.

ROWLANDSON

127 — *Le Bateau de Gravesend.*

Aquarelle. Signé et daté.

ROWLANDSON

128 — *Les Incidents du patinage.*

Aquarelle signée et datée.

SAINT-AUBIN (Aug. de)

129 — *La Promenade.*

A la plume et au lavis de bistre.

SAINT-AUBIN (Gab. de)

130 — *Intérieur.*

A la pierre noire avec rehauts de couleurs.

131 — *Dame jouant de la harpe.*

Peinture sur papier.

132 — *La Malice des médecins.*

Cinq dessins sur la même feuille.
A la pierre noire. Collection Mahérault.

SALAMBIER

133 — *Ornement.*

Aux trois crayons.

SCHALL

134 — *Femme endormie sur un banc dans un parc.*

Gouache. Signé et daté 1769.

SNYDERS (F.)

135 — *Fruits et gibier.*

A la plume.
Collection du baron Denon.

SPADA (Leonello)

136 — *Scène de la Passion*

A la plume.
Collection Pourtalès.

SWANEVELT (Herm.)

137 — *Moines bûcherons.*

A la plume et au lavis d'encre de Chine.
Gravé à l'eau-forte par le maître.

SWEBACH-DESFONTAINES

138 — *Soldats en marche.*

Aquarelle.

139 — *Halte militaire.*

Aquarelle.

SWEBACH (Ed.)

140 — *Scènes russes.*

Deux dessins de forme ronde.
A l'aquarelle.

TIBALDI (Pellegrino)

141 — *Sainte Catherine et un saint.*

A la plume, sur papier bleu, avec lavis de bistre et rehauts de blanc.

THORNHILL (Sir John)

142 — *Décoration de plafond.*

A la plume et au lavis de bistre.

ULFT (J. van der)

143 — *Ville d'Italie.*

Signé daté 1680.

VALLAYER-COSTER (attribué à Mme)

144 — *Vase de fleurs.*

Aquarelle.

VÉLASQUEZ

145 — *Scène de paysans.*

A la plume et au lavis de bistre
Collection J. Gigoux.

VERSCHURING (H.)

146 — *Halte de cavaliers.*

A la plume et au lavis d'encre de Chine.

VELDE (A. VAN DE)

147 — *Paysage avec figures et animaux.*

A la plume et au lavis de bistre.

VELDE (W. VAN DE)

148 — *Marine.*

A la plume et au lavis de bistre.

VERNET (J.)

149 — *Deux jolis paysages.*

A la pierre d'Italie et au lavis d'encre de Chine.

VISSCHER (C. de)

150 — *Portrait de jeune fille dans un ovale.*

A la pierre noire.
Collection du baron Denon.

WATERLOO (Ant.)

151 — *Moulin à eau.*

A la plume, lavé d'encre de Chine.

WILLE (le fils)

152 — *Vieille Femme en prières.*

A la plume.
Signé daté 1771.

ZURBARAN (François)

153 — *Moine en prières.*

A la plume et au lavis de bistre.

154 — *Sous ce numéro quelques dessins non catalogués.*

www.ingramcontent.com/pod-product-compliance
Ingram Content Group UK Ltd.
Pitfield, Milton Keynes, MK11 3LW, UK
UKHW020517180726
13839UKWH00005B/2134

9 782329 529950